LE FANTASTICHE AVVENTURE DI VIOLA, CAMILLA E MARGÒ

UNA FANTASTICA STORIA D'AMORE CHE TUTTI I BAMBINI DOVREBBERO LEGGERE

SIMONA PERNINI

GRAZIE PER L'ACQUISTO DEL LIBRO!
MA ASPETTA… PER TE CHE HAI
ACQUISTATO HO UN REGALO BONUS
DEDICATO. RICEVERAI UN EBOOK IN
FORMATO DIGITALE CON TANTE
IMMAGINI DA COLORARE! BASTA
SCRIVERE ALLA SEGUENTE MAIL:

simona_pernini@outlook.it

INDICE

LA FAMIGLIA BERNI

C'era una volta, in un paesino di periferia, nella città di Antares, sotto un dirupo, una capanna molto fatiscente. Proprio lì davanti scorreva il fiume Furio, allora il più conosciuto. Benché la capanna cadesse tutta a pezzi, era abitata da una famiglia, la famiglia Berni. A primo impatto sembrava una famiglia molto normale e comune, ma in realtà non era proprio così. Il padre, Lamberto, camminava in maniera molto strana, era zoppo e si dondolava tutto il giorno su una

piccola sedia in veranda. Fumava il sigaro toscano, allora sconosciuto ad Antares, che gli portava un signore di qualche paese vicino, mentre lui, con i capelli molto unti di colore grigio scuro che fuoriuscivano dal cappello che portava tutto il giorno sopra la testa, rimaneva lì impiantato senza emettere alcuna smorfia, gironzolando per il soggiorno. La mamma, di nome Clotilde, non si era mica ben capito cosa facesse e che ruolo svolgesse all'interno della famiglia Berni, l'unica cosa certa è che non si preoccupava delle loro due figlie, Viola e Camilla. Viola, una dolce bambina di 8 anni, era una bambina di statura molto alta per l'età che aveva, ed era inoltre più matura e un esempio per le bambine della sua età, anche se non sembrava a prima apparenza. Benché non fosse ancora troppo grande, Viola all'età di soli 5 anni, sapeva già scrivere, leggere e contare. Camilla invece era più piccolina, aveva ancora 5 anni e frequentava ancora la scuola materna. Lei si prestava molto alla cura dei suoi animali domestici, infatti usciva ogni giorno a dare loro da mangiare. La famiglia aveva 4 cani, 2 cavalli che tenevano fuori nella stalla e qualche piccolo gatto sparso in giro nel loro cortile. Nel villaggio c'erano pochissime case, tutte molto fatiscenti. Non vi era neanche un supermercato per poter andare a fare la spesa e una posta per andare a pagare le bollette. La casa della famiglia Berni era posta su due piani, il piano superiore, dove dormivano Viola e Camilla e il piano inferiore, dove vi era un soggiorno, una cucina e due poltrone, dove dormivano i genitori. Non che nella famiglia Berni si vivesse tanto bene, ma Viola e Camilla avevano qualcosa di speciale, un qualcosa che non sapevano ancora di possedere. Nonostante avessero due genitori che non prestavano per niente attenzione alla loro cura, le bimbe erano sempre contente, ridevano e scherzavano tra di loro e si tenevano compagnia. Il gioco preferito di Viola era il bricolage, usava inoltre la carta per creare castelli, tende e cornici. A Camilla piaceva altresì giocare ai giochi di Viola, ma preferiva di gran lunga giocare con i cavalli e con i loro animali nel cortile, e, qualche volta con le bambole. Lamberto e Clotilde si lamentavano tutto il giorno, urlando e litigando tra di loro. Nella famiglia solo urla tutto il giorno, disturbando così tutto il vicinato. Di lavoro non ne avevano mai sentito neanche parlare, magari per la mancanza di voglia o magari per qualsiasi altra ragione. Economicamente non stavano per niente bene, riuscivano a mangiare grazie alla carità che faceva qualche loro amico e qualcuno delle case vicine, chi portava il pane e chi portava la carne. Era chiaro che facevano tutto questo per le due bambine e non di certo per loro. Nonostante ciò i due non erano riconoscenti e non facevano nulla per cambiare la loro situazione. Essi credevano che il lavoro fosse per le persone stupide e che fosse meglio stare in casa a guardare la tv sdraiati sul divano, senza perdere alcun tempo.

VIOLA E CAMILLA

Era ben noto nella famiglia Berni che l'ora di cena non fosse come quella nelle altre famiglie. Il padre e la madre mangiavano sulle loro poltrone, mentre Viola e Camilla li sedute sul tavolo. Come se non bastasse vi era inoltre una tavola povera di cibo, solo un pezzo di pane secco, una zuppa di legumi e una bottiglia di acqua naturale. Accadde una sera, arrivate ormai le 21 nonché l'ora in cui generalmente cenavano, il padre si alzò dalla poltrona, a seguito del rumore che fecero Viola e Camilla, prese il battipanni e incominciò a sbatterlo violentemente sulla tavola urlando con voce molto grave sulle due bambine le quali, dopo l'accaduto, tornarono nella loro stanza piangendo e abbracciandosi tra di loro. Nel frattempo la mamma se ne stava lì imperterrita a sorseggiare il suo brandy in santa pace, come se nulla fosse successo. Viola, molto spaventata chiese a Camilla di darle un bacio sulla guancia e di prepararle il letto per la notte. Erano le 23, orario in cui le bambine dovevano già essere già nel mondo dei sogni. Durante la notte Camilla si svegliò a causa di un brutto incubo, vide Viola che stava dormendo profondamente e così, dopo aver bevuto un sorso di acqua si rimise a dormire. Nel bel

mezzo della notte apparve in sogno alle due bambine un Unicorno alato, con un corno molto lungo, bellissimo, che le chiedeva cosa le fosse successo la sera prima e come mai avessero pianto. In realtà, questo unicorno, che non si sapeva ancora chi fosse esattamente, sapeva tutto, era onnisciente, e voleva avere una risposta dalle due bambine. Dopo qualche minuto, l'unicorno scomparve nel nulla dal loro sogno. Le bimbe riuscivano nei loro sogni a incontrare sempre personaggi che le davano affetto e amore. Difficilmente qualcuno in quel paesino, riusciva a strappargli un sorriso, ciò accadeva solo nei sogni. Il giorno seguente, alle 7:30 del mattino, suonò la sveglia. Le due bambine si svegliarono, Viola preparò la colazione pure a Camilla con biscotti e una tazza di latte. Si prepararono insieme, Viola con una magliettina e gonna di colore rosso, Camilla portava invece un gilet di colore giallo scuro. Uscirono di casa, mentre i due genitori stavano ancora dormendo dimenticandosi delle due bambine come al solito. Come si consuetudine Viola accompagnava tutti i giorni Camilla all'asilo, 200 metri dalla loro casa, per poi dirigersi verso la sua scuola, che era invece un pochino più lontana. La maestra vide Viola arrivare a scuola molto triste. Chiese per caso cosa le fosse successo, ma Viola non volle dire nulla, l'unica cosa che la rendeva felice era di aver visto l'unicorno nel sogno che la confortava.

L'INCONTRO CON MARGÒ

L'ora delle lezioni erano finite e tutti i bambini si dressero verso il cancello che scorgeva proprio su un prato di erba molto fine e molto profumato. Camilla aspettava sempre un'ora Viola che la andava a prendere, costretta così a fare il doposcuola. Erano molto felici quando stavano insieme, giocavano, ridevano e si raccontavano cosa avevano fatto a scuola. Si prendevano per mano e, con quello zainetto sulle spalle, si scambiavano qualche parola

camminando in un prato immenso florido di erba e alberi. Mentre si dirigevano a casa per pranzo, come per incanto videro qualcosa (che all'inizio non si capiva bene cosa fosse) uscire dall'orizzonte laggiù molto lontano. Sentivano che c'era anche un suono molto lieve ma molto familiare a loro. Si misero a correre verso l'orizzonte per capire che cosa fosse. Un po' spaventate però, decisero di fermarsi e osservare, lasciando che fosse quella cosa a dirigersi verso di loro. Camilla rimase molto scioccata, non capendo cosa stesse succedendo. A un certo punto, riconobbero che era l'unicorno il quale le era andato in sogno il giorno prima! Allora molto contente e sorprendenti corsero da lei. "Ciao Viola e Camilla, io sono Margò" disse l'unicorno "Avete visto che sono venuta da voi? Pensavate che fossi l'amica immaginaria dei vostri sogni, ma in realtà io sono un unicorno reale con dei poteri magici che vado nei sogni delle bambine belle e buone" L'unicorno era tale e quale al sogno, bellissima, con corno lunghissimo e con quella criniera dorata. Viola e Camilla non credevano ai loro occhi e la prima cosa che le venne in mente fu quella che qualcuno allora le voleva bene veramente. Le loro facce erano impiantate su Margò, sbalordite e con occhi spalancati. Il giovane Unicorno chiese alle due bambine se avessero mangiato, perché altrimenti le avrebbe portato lei in un posto magico. Camilla e Viola, senza esitare, accettarono. . Giocarono qualche minuto insieme nel parco, divertendosi molto, Viola correva liberamente nell'erba, si rotolava mentre

Camilla era sulla sella di Margò. Fu un momento di giora, perché vedere un vero unicorno non è cosa di tutti i giorni e loro apprezzarono molto. Inoltre Margò ci sapeva fare con i bambini, ne aveva conosciuti tanti prima di incontrare Viola e Camilla. Margò aveva il dono di far riempire il cuore di amore, era molto empatica e trasmetteva assoluta pace interiore. Margò dopo un po' le caricò sopra e per magia, scomparvero dall'orizzonte magico.

LA TERRA INCANTATA

"Dove andiamo adesso Margò?" Chiese Viola. "Vi porto in una terra che non avete mai visto, un posto dove c'è solo pace e amore e potrete incontrare tanti amici che vi vogliono bene" rispose Margò. Entrarono in un tunnel con una luce accecante e piena di suoni bellissimi. Arrivarono poco dopo su una montagna magica, dove scorgeva giù nella valle un paesaggio bellissimo, con vista mozzafiato. Scesero nella valle dove già le aspettava tante cose buone da mangiare. Le due bambine mangiarono a volontà, Camilla era ghiotta di pane con nutella mentre a Viola piaceva molto la pasta al ragù. Subito dopo pranzo le due bambine dovevano far ritorno a casa, così Margò le accompagnò nel loro paesino. Arrivati sull'uscio di

casa Camilla chiese quando si sarebbero riviste, così Margò gli disse che sarebbe andate a prenderle il giorno dopo a scuola e che avrebbero passato tutto il pomeriggio insieme. Così eccitate entrarono in casa, andarono nella loro cameretta e incominciarono a disegnare con i pastelli su fogli colorati la loro giornata, utilizzando uno spazio molto grande per disegnare e colorare Margò. Sentendo molto rumore, i due genitori che dormivano ancora si svegliarono e così il padre salì in cameretta con tono molto grave domandò a Viola e Camilla cosa stesse succedendo. Il padre vide il disegno di questo unicorno, e come se non bastasse gli disse che erano tutte fantasie e che loro pensavano a tutte queste stupidate. In fondo, non aveva capito quel testone che erano due bambine. La madre, molto spavalda, salì nel frattempo e ascoltò la conversazione tra le bambine e il padre. Mentre stava ascoltando si arrabbiò tantissimo perché disse che erano tutte frottole, così prese il disegno e lo strappò a mille pezzettini facendo così piangere loro. Più tardi Viola si mise a fare i compiti del giorno dopo, mentre Camilla la guardava in silenzio cercando di apprendere tutte le nozioni imparate a scuola dalla sorella. Arrivata ora di cena i due genitori gli fecero trovare solo un pezzo di pane a tavola. Viola e Camilla ovviamente si meritavano di mangiare qualcosa di più consistente, ma purtroppo non potevano farci nulla di avere il padre e la madre così, che si dimenticavano delle figlie.

Il giorno dopo, uscite da scuola, aspettarono desiderosamente Margò che le andasse a prendere, ed ecco che spuntò dall'orizzonte il corno molto lungo di Margò, il quale le portò a mangiare. Le bambine erano molto felici di rivedere Margò. Nuovamente contente andarono a pranzare tutti e tre insieme. "E' molto bello vedere che qui non c'è cattiveria" Disse Viola a Margò. Nel frattempo si stavano gustando il pranzo. Margò tiro fuori un cartellone di plastica rigida, tutto decorato e colorato. Certo che le due bambine non sapevano cosa fosse, ma videro che c'era scritto qualcosa; era difficile da vedere perché vi erano una serie di frasi molto piccola. Margò avvicinò il cartellone mentre Viola cercava di capire meglio. Vi erano scritte queste frasi:

LA PACE E' OVUNQUE, BASTA CERCARLA DENTRO DI SÈ.

IO SONO PORTATRICE DI PACE PER TUTTI I BAMBINI.

IO VI PROTEGGERO' PER SEMPRE, SARO' LA VOSTRA MIGLIORE AMICA.

LA PACE VI ACCOMPAGNERA' PER IL RESTO DELLA VOSTRA VITA.

Per le due bambine era difficile credere ciò, visto che non se la passavano troppo bene a casa loro. Chiesero a Margò dove avesse preso quel cartellone tutto colorato e con quelle frasi bellissime, la quale rispose che questo era il cartellone della pace e della speranza, preparato apposta per loro due, quando erano ancora piccoline. Si, perché Margò già conosceva le due bambine anche se loro non conoscevano lei, bella come il sole e come l'argento, dove la sua criniera dorata faceva invidia a tutti gli unicorni di quel villaggio. Ebbene si, perché nel villaggio non vi era solo Margò, ma anche tanti altri unicorni e tanti altri animali.

LUNA, SYDNEY E BUDDY

Qualche minuto più tardi, Margò portò le due sorelline a far conoscere tutti gli unicorni e tutti gli animali che vivevano nel villaggio; vi era anche un cucciolo di unicorno: Sydney, figlia di Luna (amica di Margò). Camilla si affezionò presto a

Sydney, giocavano sempre insieme facendo il cavalluccio. Nacque una sintonia tra tutti loro e le due sorelle divennero ben presto mascotte di tutto il villaggio. Tornavano a casa e andavano a scuola, certo, ma nel

pomeriggio tutti i giorni andava a prenderle Margò. Un pomeriggio, mentre erano a giocare tutti insieme nel prato e la piccola Camilla si divertiva con Sydney, Margò le volle confidare un segreto che doveva tenere con sé e non dirlo a nessuno e le voleva regalare un oggetto magico. Ovviamente, come tutti i bambini, era molto incuriosita e non vedeva l'ora di farsi svelare e regalare il segreto di cui parlava Margò. Si sedettero su una panchina arcobaleno. Nel frattempo c'erano delle scimmiette che le portavano il tè con i biscotti come merenda. Vi erano inoltre dei piccoli scoiattoli che si divertivano a girare intorno alle gambe della bambina perché volevano giocare con lei, ma Viola era troppo eccitata a farsi svelare il segreto da Margò e non ci fece caso. Come Margò aprì la bocca per svelarle il segreto apparve Buddy, un esemplare di Ara Macao, un pappagallo da colori vivaci pronto a ripetere tutto ciò che sentiva. Così vennero distratte, e Buddy si presentò con Viola. I due divennero presto amici, tanto che Viola gli insegnò a ripetere tutte le cose che aveva imparato a scuola. Affezionatosi molto l'un l'altro, ogni qualvolta che la bambina si spostava, Buddy la seguiva stando sulla sua spalla tranquillo. Era insolito per le due bambine trovarsi in un mondo del genere perché non pensavano neanche che esistesse, era del tutto inaspettato, infatti fu un periodo molto felice della loro vita perché potevano finalmente dire che c'era qualcuno che le voleva veramente bene e le apprezzasse per la loro ingenuità e per la loro bontà. È inoltre sorprendente come quelle due bambine avessero appreso tanti insegnamenti da animali che, a prima vista, non sembravano così tanto intelligenti da poter insegnare cosa fosse l'amore a due bambine.

IL GRANDE SEGRETO

Nel frattempo si erano dimenati a conoscere altri animali del villaggio, tra cui tartarughe con più di 100 anni di età, dei piccoli uccellini, dei conigli e tanti altri unicorni molto simili a Margò. Scorreva da un albero una corda per far salire tutti gli scoiattoli, dove in cima vi era un grosso tunnel dove portava al loro nido. Viola e Camilla, vendendo ciò vollero arrampicarsi all'albero, tenendosi dalla corda, per vedere cosa ci fosse all'interno del tunnel. Erano troppo piccole, a dir la verità, per poter scalare la corda, con il rischio di cadere e farsi molto male. Margò, a quel punto, chiamo Elios, la più grande aquila del villaggio, e dopo

essersi presentato alle due bambine, le mise sulle ali e le portò fino in cima all'albero. Qualche ora più tardi Viola, però non si era dimenticata di quella cosa che le aveva detto Margò, quindi con coraggio di diresse verso lei e le chiese se per caso si fosse dimenticata di annunciarle il segreto che qualche ora prima le anticipò. A quel punto Margò riunì le due bambine, le caricò sulla sella e le portò davanti a un grosso portone fatto d'oro. Vi era un grande lucchetto che chiudeva i due cancelli. Dopo aver tirato fuori una chiave dalla sua criniera, l'unicorno chiese a Viola di prendere la chiave e di aprire il grande portone d'oro. Con aria molto incerta non esitò, prese la chiave a aprì il portone, un po' dubbiosa. Sfilato il lucchetto, Viola e Camilla spinsero contemporaneamente la cancellata, una da una parte e una dall'altra. Oltrepassarono la cancellata, notarono subito che non c'era gran che, infatti domandarono a Margò se quello fosse veramente il grande segreto. In realtà il segreto non era quella cancellata, ma ciò che vi era all'interno. "In questo cancello può entrare solo un individuo, e quell'individuo sono io" Disse Margò. "Pensate che è un cancello normale senza senso, ma voglio essere sincera con voi. Questo cancello porta all'Eden, un grande paradiso dove vi sono tutti gli animali deceduti. Inoltre all'interno di essa vi è una grande palla di cristallo che riuscirà, come per incanto, a prevedere il vostro futuro, regalandovi anche qualcosa di speciale, un oggetto che dovrete portare con voi tutta la vita, il cui senso ve ne parlerò più tardi". Viola e Camilla chiesero dove bisognava andare per entrare nell'Eden, Margò le ricaricò sulla sella e le rispose di stare tranquille che le avrebbe portate lei. Così per le due bambine si stava avverando un sogno che le avrebbe portate alla pace e all'amore per tutto il resto della loro vita. In mezzo al giardino vi erano delle scalinate lunghissime in salita che si dirigevano verso il cielo. Salirono piano piano tutti e tre. Salito l'ultimo gradino videro qualcosa che non credeva ai loro occhi, era presente una mole di animali bellissimi, tutti colorati e tutti magici, un'atmosfera che difficilmente si sarebbe potuta trovare laggiù nel loro paesino. Tutto incredibile, animali pieni di amore e di gioia, uccelli che volavano serenamente nel cielo fischiettando delle canzoncine, animali del bosco che giocavano tra di loro e unicorni che si abbracciavano tutto il giorno. Tutti gli animali non parlavano, muti, ma erano tutti lì che guardavano con affetto i nuovi arrivati, Margò, Viola e Camilla. Si avvicinò un unicorno che le sorrise, diede un bacio alle due piccole, e consegnò due oggetti a Margò, prese a continuò a volare liberamente nel cielo. Margò tutta felice consegnò l'oggetto impacchettato alle due bimbe, ma una condizione, chiese di non utilizzarlo per nessuna ragione al mondo fino a quando lei non avesse consentito. Prese la palla di cristallo e vide qualcosa di particolare. Ci fu un momento di silenzio…

IL PETTINE MAGICO

Ormai fatta sera, per Viola e Camilla era arrivata l'ora di tornare a casa, così salutarono tutti gli animali, si diedero appuntamento al giorno seguente e andarono via con Margò. Certo, lei si occupava molto delle due bimbe, si impegnava tutti i giorni di andarle a prendere e riaccompagnarle a casa. Arrivarono sull'uscio della porta, salutarono pure Margò ed entrarono in casa. Margò si assicurava sempre che Camilla e Viola entrarono dentro la porta, ma per sfortuna i due genitori delle bambine videro fuori di casa qualcosa che non capirono molto bene. Il loro atteggiamento fu quello di punire le due bambine, mandandole a letto senza mangiare con qualche sculacciata, perché vollero realmente sapere chi fosse quel personaggio. Ebbene si, i due genitori non sapevano che realmente loro dopo scuola andavano in una terra incantata con un unicorno, benchè fosse sconosciuta, in quanto solo Camilla e Viola avevano accesso perché erano due bambine speciali. Insistettero per capire chi fosse quel personaggio che le aveva accompagnate a casa, ma le due bambine silenziosamente non dissero una parola, dovevano

mantenere il segreto. Qualche minuto più tardi, la voglia per Viola e Camilla di aprire la scatola contenente l'oggetto segreto era tanta. Camilla chiese alla sorella maggiore se potevano aprire per sbirciare solo un attimo, ma Viola volle tenere solennemente la promessa e così gli rispose di no. Camilla si mise a piangere, era troppo curiosa e voleva sapere a ogni costo cosa ci fosse dentro la scatola. Dopo averla tranquillizzata, Viola si convinse, dopo svariati tentativi di Camilla ad aprire la scatola, così la aprirono. Sfilarono le due cordicelle che tenevano chiusa la scatola, tirarono via la parte superiore e… Vi erano due oggetti, un pettine e un'ampolla contenente del liquido viola, insomma una pozione. Presero il pettine. Pensavano sempre alla promessa che le aveva fatto Margò, però desideravano adoperare il pettine per pettinarsi i loro capelli, e così fecero. I loro capelli un istante dopo divennero tutti color argento. Il giorno dopo a scuola rimasero tutti sbalorditi per il colore dei capelli che avevano Camilla e Viola. Ormai Camilla frequentava la stessa scuola di Viola di un tempo, siccome Viola era ormai arrivata alle scuole medie. Erano le più belle bambine della scuola, facevano ormai invidia con i loro capelli d'argento. Tutte le compagne loro le chiesero cosa fosse successo e come mai avessero quei capelli, la loro risposta fu che glieli aveva fatti la loro mamma, giusto per non destare sospetto. A scuola andavano molto bene, tutte e due con la media del 9, a Viola piaceva molto matematica, infatti arrivata in 2 media sapeva già fare calcoli molto complessi, cosa insolita per una bambina della sua età. Invece a Camilla piaceva molto scienze, aveva infatti costruito a scuola un modellino del nostro sistema solare, fatto con il cartone.

UN INCONTRO INASPETTATO

Uscite da scuola, aspettavano desiderosamente Margò che le andasse a prendere. Aspettarono circa 15 minuti ma non videro nulla. Nel frattempo si sedettero su una panchina lì nel parco e appoggiarono la loro cartella per terra. Sorseggiavano un succo alla pesca che i maestri le avevano regalato. Dopo mezz'ora che erano sedute, incominciarono a parlare tra di loro chiedendosi come mai non fosse ancora arrivata Margò. Allora tristi e ormai rassegnate si dirissero verso casa. I loro sogni stavano svanendo nel nulla, a seguito dell'assenza di Margò. C'era solamente il fruscio dell'aria che scorreva, nessuna parola per le due bambine, quando all'improvviso, videro qualcosa davanti a loro. A primo impatto sembrava Margò, si avvicinarono e videro un unicorno molto simile, ma non era lei. "Non sei Margò vero?" Rispose con tono triste Viola. "No, sono Luna, vi devo dare una brutta notizia, Margò non sta tanto bene e probabilmente non ce la farà a sopravvivere." Le due bambine in lacrime, non stavano credendo a ciò che avevano sentito. "Perché non ce la farà, Luna?" chiese Camilla. Luna rispose che avevano disubbidito all'ordine di Margò, e che non avrebbero dovuto utilizzare quel pettine, perché in realtà non serviva

per pettinarsi i capelli, ma per vedere veramente se loro obbedivano o meno alle regole di Margò. Le due bambine chiesero perdono, però ormai era troppo tardi. Le fecero inoltre una richiesta a Luna, cioè quella di vedere per l'ultima volta Margò. Così senza esitare Luna le fece prima un paio di domande e subito dopo le caricò sulla sella e scomparvero dall'orizzonte.

Chissà quale fosse la vera utilità di quel pettine, e come mai successe tutto questo solo perché le due bambine avevano disubbidito a ciò che le aveva detto Margò. Ma un dubbio c'era, che cosa e chi sarebbero diventate Viola e Camilla dopo l'accaduto? E come mai i loro capelli diventarono di colore argento?

IL CACCIATORE

Arrivati nel villaggio, le bambine scesero dalla sella di Luna e video Margò che era stesa sull'erba e notarono che non stava per niente bene. Viola e Camilla corsero subito da lei, chinandosi e abbracciandola molto fortemente. Chiesero innanzitutto scusa per aver disubbidito, e poi se quella condizione attuale di Margò era stata causata da loro che l'avevano disubbidita. Margò rispose che in realtà quel pettine serviva per spezzare un incantesimo, ossia spezzare il cuore pieno d'amore di tutti gli animali del villaggio, compresa lei. Era avvilita ed era molto dispiaciuta, ma probabilmente lo erano più le bambine. "Il destino ha scelto proprio me perché sono la più bella e la più buona. Nulla a togliere a tutte le mie sorelle e amiche, però io avevo qualcosa di speciale rispetto a tutte loro, ed ecco che la prescelta di questo incantesimo sono stata io" Disse Margò. "Vi perdono assolutamente per tutto quello che è successo, e potete stare certi che vi porterò nel cuore quando sarò in paradiso. Viola, Camilla, ricordatevi quello che vi ho dato: la chiave del paradiso e la pozione che c'era dentro la scatola, e quella servirà a voi per salvarvi in caso di morte" disse nuovamente Margò.

Nel frattempo il pappagallo Buddy si precipitò sulla spalla di Viola e disse che vi era una soluzione per tornare all'incantesimo perché era stato lui a dargli inizio e per far si che non venisse spezzato per sempre. Allora tutti rimasero scioccati e con ancora un pizzico di speranza per salvare l'unicorno più bello e per salvare l'intero villaggio. Si, perché altrimenti il villaggio non sarebbe rimasto lo stesso senza più quella cosa. Margò faceva molta fatica pure a parlare, le sue ali ormai erano diventate molto deboli, senza più riuscire ad alzarsi da terra. La soluzione per non spezzare l'incantesimo era quello di far credere ai suoi genitori che Margò esisteva veramente e non era solo come lui pensava un personaggio immaginario. Certo, l'obiettivo era molto difficile, ma riuscirono a caricare Margò su un carretto e, con l'aiuto degli altri unicorni, riuscirono a portarla nel paesino dove vi era la casa delle bambine. Arrivati sull'uscio di porta, riuscì ad entrare solo Viola in casa, Camilla rimase fuori dalla paura di essere picchiata dal padre. Un istante dopo il padre uscì con un fucile, tirò fuori la sua cattiveria feroce e sparò un colpo. Margò morì. Lacrime su lacrime, i giovani unicorni scapparono nel prato dalla paura mentre il padre sferrava ancora qualche colpo, fortunatamente non riuscendo più a prendere nessun animale. Viola e Camilla scapparono pure loro nel prato piangendo per evitare la ferocia del padre, promettendo a loro che non sarebbero più tornate per sempre a casa. Seguirono i giorni successivi nel più profondo cordoglio, non c'era più aria di amore e di gioia.

LA RESURREZIONE

"Tutta causa nostra" dissero le bambine.
"Non possiamo fare più niente" dissero di
nuovo. Erano molto tristi. Tutti gli animali
del villaggio erano tutti riuniti a darsi forza
l'un l'altro. A un certo punto però alle due
bambine venne in mente ciò che le aveva
detto Margò, ossia ciò che c'era nella
scatola da lei regalata: la pozione. Così la
prima idea fu quella di tornare a casa a
prenderlo, però l'idea del padre ad
aspettarle con il battipanni frenava un
poco le bambine. Allora presero coraggio
tutti quanti e stabilirono un piano. Il
pappagallo doveva andare a bussare alla
porta, e scappare subito sopra il tetto così
che il padre non lo avrebbe visto. Viola
intanto dietro alla porta sarebbe dovuta

entrare, salire in camera sua e prendere velocemente la chiave che le aveva dato Margò insieme alla pozione magica. Nel frattempo tutti gli animali dovevano tenere distratto il padre e la madre facendoli correre disperati per tutto il prato. Il problema che c'erano anche tutti gli animali che avevano loro nel cortile! Allora decisero di prendere anche i cavalli e gli altri animali che avevano per portarli via per sempre con loro nel villaggio. Tutto

riuscì alla perfezione! Nessun illeso! I loro animali nel villaggio incominciarono a parlare, cosa che prima non era possibile, perché lì tutto era magico. Essi fecero amicizia con tutti gli animali, mentre Viola e Camilla si diressero verso la cancellata d'oro, per entrare dell'Eden per andare da Margò. Fortunatamente avevano la chiave e solamente loro sarebbero potute entrare dentro, e così fecero. Salirono le scale e arrivate all'ultimo gradino entrarono in quell'ambiente, il quale avevano già visitato, e stettero lì a osservare con l'intento di trovare Margò. Tutti gli animali le accolsero con grande amore, loro apprezzarono molto ma l'obiettivo era quello di salvare Margò. Dopo circa 5 minuti che erano lì spunto Margò finalmente rinata, tornata ancora con quelle ali e quella criniera unica. La prima cosa che fecero fu quella di abbracciarsi fortemente. Viola tirò fuori la pozione, ma Margò rifiutò perché disse che quella era per loro e non avrebbero dovuta consumare per lei. Senza neanche pensarci gli diedero la pozione, e come per incanto svanirono tutte e tre dall'Eden e tornarono, Margò in carne ed ossa, nel villaggio. Tutti gli animali non potevano credere ai loro occhi, vedere ancora per una volta Margò che fosse resuscitata. Tutto era rinato, unicorni che suonavano, pappagalli e uccelli che fischiavano, tutti gli altri animali a ballare felici e a mangiare tutti quanti insieme. Margo propose a Viola e Camilla di andare a vivere con loro nel villaggio e che aveva già preparato le loro camere tutte decorate apposta. Oramai dei genitori non sapevano più nulla e non ne volevano sapere, due genitori che non si sono mai preoccupate per loro e che non le hanno mai dato affetto. I sogni per Camilla e Viola finalmente divennero realtà. Non se lo sarebbero mai aspettate di trovare un mondo nuovo, chissà infatti che fine avrebbero fatto se non ci fosse stata Margò.

FELICI E CONTENTI

Ormai cresciute di qualche anno, Camilla e Viola si chiesero realmente il perché loro fossero due bambine speciali e tutti i bambini del loro villaggio no. Così domandarono a Margò, ricevendo da lei una risposta che ogni bambino desidererebbe ricevere. " Io vi osservo fino a quando eravate appena nate, io ho questo potere magico" rispose Margò "E ho selezionato proprio voi perché non tutti i bimbi hanno avuto la fortuna di trovare due genitori che si prendono cura dei propri figli e che gli amano, così ho deciso di fare io la vostra mamma e di prendermi cura io di voi, trattandovi come figlie e dandovi tanto amore, facendovi così conoscere il vero significato del termine"

Questa storia finisce così. Mi piacerebbe che ogni bambino facesse tesoro di tutto ciò, che riuscisse a capire cos'è l'amore vero e ad apprezzare le persone che ci vogliono bene. Dobbiamo trattarle con cura e con amore, perché, prima o poi, questo amore finisce fisicamente, ci staccheremo da persone che ci vogliono bene, ma, la cosa più importante è che riusciamo a portarci questo amore nel nostro cuore per tutto il resto della nostra esistenza.

CPSIA information can be obtained
at www.ICGtesting.com
Printed in the USA
BVHW091506281220
596561BV00008B/1435